b2 Conserver la couverture.

QUESTION

MUNICIPALE

D'ANGERS,

PAR AMÉDÉE DE CESENA,

RÉDACTEUR EN CHEF DU JOURNAL DE MAINE ET LOIRE.

ANGERS,

IMPRIMERIE DE COSNIER ET LACHÈSE.

—

1844.

QUESTION MUNICIPALE,

EXAMINÉE

DANS SES CAUSES ET DANS SES EFFETS,

SOUS LE RAPPORT

DES PRINCIPES GÉNÉRAUX

ET SOUS LE RAPPORT

DES INTÉRÊTS LOCAUX.

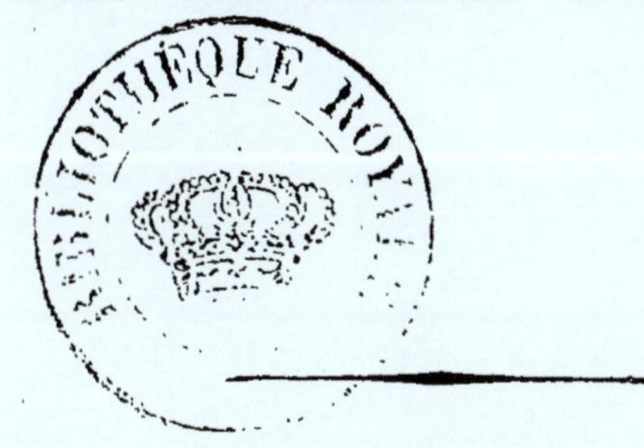

ANGERS.

IMPRIMERIE DE COSNIER ET LACHÈSE,

RUE DE LA CHAUSSÉE-SAINT-PIERRE, 15.

1844

REMPLACEMENT DE M. FARRAN.

La situation municipale d'Angers est complexe; elle doit être envisagée sous plusieurs faces.

Cette situation renferme d'abord une question d'appréciation des faits spéciaux et des circonstances locales. C'est évidemment de cette appréciation impartiale et sincère que résulte l'opportunité ou l'inopportunité du changement de l'ancienne administration municipale. Elle seule peut expliquer les motifs qui ont inspiré la conduite du ministère, appeler l'éloge ou le blâme sur une mesure qui est la cause apparente ou réelle d'un conflit dont l'opposition rejette la responsabilité sur le gouvernement, tandis que cette responsabilité doit peser tout entière sur les hommes qui composent aujourd'hui la majorité du conseil municipal.

L'exposé des faits, commenté au point de vue de l'esprit et du texte du code municipal, va démontrer la vérité de cette assertion.

En effet, voici ce qui s'est passé.

Au mois de juillet de l'année dernière, en même temps que de nouvelles élections municipales ont lieu à Angers, en même temps que le terme légal du mandat des membres de l'administration alors existante expire, la nouvelle arrive que Mgr le duc et Mme la duchesse de Nemours s'arrêteront dans cette ville, en se rendant au camp de Thélin.

Le temps pressait.

Avant que le gouvernement eût manifesté ses intentions, avant qu'il eût décidé le changement ou le maintien de l'administration dont le mandat venait de finir, avant même qu'il eût seulement indiqué de quel côté penchaient ses prédilections, il y eut nécessité de se préoccuper de la prochaine arrivée d'un fils du Roi dans les murs d'Angers, et de se préparer à la réception qui devait lui être faite par les habitants d'une cité amie de la Charte et de la dynastie de 1830.

Le 14 juillet 1843, M. Farran, maire sortant, assemble le conseil municipal à l'effet d'en obtenir un vote de 10,000 fr. destinés à faire face à ces dépenses. Cette réunion n'avait pas, ne pouvait pas avoir d'autre but. M. Farran dit lui-même que c'est là son OBJET UNIQUE.

Cependant, avant de mettre aux voix la proposition qui fait *l'objet unique* de la réunion des membres du conseil municipal, M. Farran s'avise d'entretenir, d'abord, l'assemblée de sa personne, de ses actes, de ses opinions, de sa vie, de son administration de maire, de sa conduite de député. Si cette revue rétrospective n'eût été qu'une simple apologie, elle eût passé inaperçue. On n'eût guère compris la convenance et l'opportunité de cette apologie, dans une semblable occasion. Mais comme il ne faut pas demander à la nature de l'homme plus qu'elle ne peut donner, on eût excusé cette innocente faiblesse.

Malheureusement, M. Farran ne s'est pas contenté de se dispenser à lui-même des éloges et des félicitations. Il n'a pas seulement parlé pour ceux qui l'écoutaient; il a aussi, il a surtout parlé pour le dépositaire de l'autorité publique, il a parlé pour le ministre.

Ainsi, M. Farran, après avoir énuméré toutes les raisons que, s'il faut l'en croire, le ministère avait de lui conserver les fonctions de maire d'Angers, M. Farran s'écrie, entraîné sans doute par un irrésistible mouvement d'espérance qui ne lui permet plus ni doute, ni crainte : *Oui, nos actes et la sympathie populaire, plus forts que* TOUTES LES INTRIGUES DU MONDE, *parleront en notre faveur.*

Ceci est de trop, en vérité.

Un sentiment de haute convenance aurait dû, peut-être, conseiller à M. Farran de ne point placer son éloge personnel dans sa bouche, surtout à une réunion dont *l'objet unique* était un vote de fonds pour le séjour, dans la ville d'Angers, d'un prince et d'une princesse de la famille royale. On a vu le maire sortant, dont le successeur est nommé, faire ses adieux au conseil municipal, en présence de ce successeur. Cela est tout naturel et tout simple. On n'avait pas encore vu un maire sortant, qui ne sait même jamais si ses fonctions lui seront conservées ou retirées, devancer ainsi le jour de sa retraite définitive. Cela, cependant, nous le répétons, n'eût été qu'une innocente faiblesse.

Mais supposer les démarches d'un concurrent auprès du pouvoir, afin de se donner la possibilité de préjuger publiquement le caractère de ces démarches, mais les dénoncer au sein du conseil assemblé pour délibérer sur une toute autre question, en les stigmatisant du nom *d'intrigues*, c'était à coup sûr vouloir dominer la volonté du ministre par des influences extérieures, c'était vouloir le gêner, par un appel aux passions, dans l'exercice d'un droit *dont la loi l'investit, dont il doit user librement*, selon les expressions de M. Farran lui-même; c'était, enfin, lui vouloir imposer, par la puissance d'une popularité qui n'est pas toujours un titre à la confiance d'un gouvernement sage et prudent, le maintien d'une administration municipale, que de hautes raisons d'état pouvaient lui faire un devoir de changer.

Ceci est grave assurément.

Il y a là une question de principe d'un intérêt général élevé.

Nous savons que M. Farran ne pouvait nullement devenir un danger pour le maintien de l'ordre et pour l'exécution des lois. Nous le croyons véritablement dévoué à la Charte et à la dynastie de 1830, quoiqu'il ait quelquefois prouvé que ce dévoûment n'est pas toujours aussi éclairé que sincère.

Mais les précédents contraires à un principe conservateur des intérêts généraux sont toujours chose mauvaise et dangereuse en eux-mêmes. Il est du devoir d'une administration prévoyante de ne pas donner aux factions un pareil point d'appui. Autrement, ce qui était sans inconvénient ici, serait invoqué là où il y aurait péril, péril sérieux, péril imminent à suivre la même ligne de conduite. Ce que disait hier, dans le sein du conseil municipal d'Angers, M. Farran, ami du gouvernement de 1830, un maire qui aurait apostasié son parti, ses opinions, son drapeau, un maire devenu tout à coup partisan de la république ou de la légitimité pourrait le dire demain, dans le sein d'un conseil municipal quelconque. Certes, personne n'oserait faire un crime alors au pouvoir de ne point céder à des sollicitations, ainsi publiquement exprimées dans une assemblée, sous la forme d'une harangue au ministre et d'une dénonciation au peuple. Or, le pouvoir ne doit pas créer des précédents qui pourraient un jour être invoqués contre lui par les factions; il ne doit pas fournir des armes aux ennemis de la Charte et de la dynastie de 1830, pour attaquer le gouvernement fondé par la volonté nationale.

Poursuivons.

Enfin, M. Farran, à la fin de son intempestive et malheureuse allocution, dit : *Mais, dussent tous nos services être* OUBLIÉS, *dût, d'ici à quelques jours, une administration nouvelle succéder à la nôtre, nous n'en ferions pas moins tous les préparatifs de la fête.*

Le ministère est bien averti. Si M. Farran n'est pas renommé maire, c'est que le gouvernement aura *oublié* ses services, ce qui signifie que, dans ce cas, le gouvernement serait injuste, ingrat, coupable.

Voilà, ce nous semble, une invitation à maintenir M. Farran, clairement exprimée, et, dans le cas où il ne serait pas obtempéré à cette invitation, une accusation préventive nettement formulée, un reproche par anticipation bien précis et bien caractérisé.

Nous le demandons à tous les hommes sensés. Est-ce ainsi, est-ce dans cette forme et par cette voie qu'un fonctionnaire, qu'un magistrat rappelle ses services, combat ses concurrents de mérite et d'ambition, sollicite le pouvoir? Nous le demandons à tous les hommes justes, calmes, impartiaux. Est-il de la dignité du pouvoir de s'annuler devant une volonté privée, au point de s'exposer à paraître dominé par cette volonté? Aucun ne dira oui. En effet, lors même que la récompense réclamée serait justifiée par des titres sérieux, ne paraîtrait-il pas ne l'avoir accordée que par une condescendance qu'on pourrait, à bon droit, qualifier du nom de crainte et de faiblesse? Nul n'en disconviendra.

Ce n'est pas tout. Ce qui précède était irréfléchi. C'est une erreur. Voici qui devient inconstitutionnel. Voici qui est une illégalité.

La proposition faite au conseil municipal en sa qualité de maire d'Angers, relativement à la subvention de 10,000 fr. sollicitée, est renvoyée à l'examen d'une commission. Une nouvelle séance a lieu le 17 juillet. La subvention est votée. Une délibération précède le vote. Cette délibération renferme le paragraphe que voici :

En chargeant l'administration actuelle d'être son organe et son interprète auprès du prince, le conseil proclame la sympathie qui l'unit à elle; et, dans l'intérêt de la ville, ET DANS CELUI NON MOINS PUISSANT DU POUVOIR QUI DOIT ÊTRE ÉCLAIRÉ POUR SE PRONONCER, *il exprime loyalement le désir qu'il éprouve de voir la confiance du Roi sanction-*

ner de nouveau l'assentiment que les habitants de la cité n'ont cessé de manifester clairement en sa faveur.

Examinons.

Le troisième paragraphe de l'article 24 de la loi sur l'organisation municipale dit, en parlant du conseil : *En cas de réunion extraordinaire, il ne peut s'occuper que des objets pour lesquels il a été convoqué.* Ce texte est précis.

Or, le conseil municipal d'Angers avait été convoqué extraordinairement par M. Farran, pour *un objet unique*, un vote de fonds relatif à la réception de Mgr le duc et de Mme la duchesse de Nemours. Cependant, il a délibéré sur une autre question ; il a émis un vœu complétement étranger à *cet objet unique.* Il y avait donc là illégalité, illégalité flagrante. Il serait singulier qu'une illégalité fût un titre à la bienveillance du gouvernement, et que le pouvoir, au lieu de la condamner, l'approuvât implicitement, en accueillant des vœux exprimés dans une forme inconstitutionnelle.

Le premier paragraphe de l'article 24 de la loi sur les attributions municipales dit : *Le conseil municipal peut exprimer son vœu sur tous les objets d'intérêt local.*

L'esprit de la loi est tout entier dans ces expressions, *peut exprimer* et *intérêt local.* Il est évident que c'est une concession qui est faite à l'autorité municipale par le pouvoir législatif, que cette faculté que celui-ci lui accorde d'exprimer au pouvoir exécutif un vœu sur un *objet d'intérêt local.* Il est évident surtout, qu'en lui indiquant la nature des objets sur lesquels on lui permettait d'appeler, par l'expression de ses vœux, l'attention du gouvernement, on n'admettait même pas qu'il pût jamais songer à sortir de ce cercle, qui est celui des affaires purement matérielles, des affaires exclusivement économiques de la commune.

Cependant, que dit le paragraphe, cité plus haut, de la délibération du 17 juillet dernier. Il dit que si le conseil municipal manifeste le désir de conserver l'ancienne administration d'Angers, ce n'est pas seulement parce que le maintien de cette administration serait utile à la cité, mais aussi parce qu'il serait non moins utile *au pouvoir qui a besoin d'être éclairé pour se prononcer.*

Ainsi, c'est un avis, un renseignement, une leçon, comme on voudra, que le conseil donne indirectement au dépositaire de l'autorité publique. Ceci est, à coup sûr, un empiétement d'attributions bien manifeste.

Depuis quand, en vertu de quelle loi les conseils municipaux sont-ils chargés d'*éclairer* le gouvernement sur la manière dont un ministre du Roi doit user des droits de la puissance exécutive. Quel code leur a confié ce soin, surtout lorsqu'il s'agit du rapport qui peut exister entre la situation des partis politiques d'une ville et les intérêts de l'administration générale du royaume. Ce soin est un des plus importants devoirs du délégué de l'autorité royale dans le département, c'est celui du préfet. C'est à lui, à lui seul qu'est dévolue la mission d'éclairer et de renseigner le ministre. Nous le répétons. Cette prétention du conseil municipal d'Angers d'avertir le pouvoir est un empiétement manifeste d'attributions, contraire à l'esprit et au texte de la loi. Le ministre devait-il, pouvait-il encourager cet empiétement, en accédant au vœu du conseil municipal, vœu qui ne lui a pas été transmis régulièrement par les voies administratives, mais que, par un inconcevable oubli de toute règle, on s'est empressé de lui adresser, en dehors de ces voies naturelles, par l'envoi direct d'une copie de la délibération.

L'ennemi le plus mortel de M. Farran n'aurait pu agir avec plus de perfidie. Après la lecture de cette délibération, quel qu'eût été le désir du ministre de laisser à M. Farran les fonctions de maire d'Angers, il ne lui était plus possible de ne pas répondre à cette accumulation d'illégalités et d'inconstitutionnalités par le changement immédiat de l'ancienne administration. La majorité du conseil municipal lui en avait fait un devoir, un rigoureux, un impérieux devoir, car il ne s'agissait plus de savoir s'il convenait ou s'il ne convenait pas de conserver à M. Farran, député de l'opposition, la première magistrature municipale d'Angers. Il fallait défendre la loi violée, garantir l'inviolabilité des prérogatives royales méconnues, maintenir la centralisation attaquée.

Comment, en effet, le ministre, eût-il eu le regret le plus vif d'être réduit à cette nécessité, comment aurait-il pu protéger M. Farran dans ses fonctions, lorsqu'il se trouvait exposé à laisser croire qu'il avait eu, comme on dit vulgairement, *la main forcée*, lorsqu'il pouvait compromettre l'autorité morale du pouvoir par la déconsidération que des apparences de crainte et de faiblesse même mal fondées, font nécessairement rejaillir sur lui.

Oui, nous le répétons avec une conviction profonde. La responsabilité du conflit municipal d'Angers ne retombe en aucune façon sur le ministère, auquel on n'a pas même laissé la faculté d'agir autrement qu'il ne l'a fait, auquel, au contraire, on a fait une loi de remplacer M. Farran dans l'intérêt des principes et pour l'honneur du pouvoir. Cette responsabilité retombe uniquement sur une majorité, en partie égarée, sans doute, par de funestes influences et des passions passagères, sur une majorité qui, en s'immisçant, par une déplorable aberration, contre tout droit et contre tout devoir, dans les attributions du pouvoir exécutif, ne pouvait que provoquer, que nécessiter le changement immédiat de l'ancienne administration municipale.

NOMINATION DE M. GIRAUD.

Nous venons de démontrer que ceux-là mêmes qui font aujourd'hui au gouvernement un reproche amer d'avoir changé l'administration municipale, ont rendu ce changement inévitable.

Le remplacement de M. Farran, voilà le premier point du débat. Sur ce point, nous avons suffisamment établi que le pouvoir central avait dû agir comme il a agi.

Le second point du débat, c'est la nomination de M. Giraud. Eh bien! les mêmes causes qui rendaient nécessaire, au point de vue du maintien des principes constitutionnels et dans l'intérêt de la centralisation administrative, le remplacement de M. Farran, ces mêmes causes devaient, au même point de vue et dans le même intérêt, provoquer la nomination de M. Giraud.

Ainsi, sur ce second point, comme sur le premier, la responsabilité du conflit que l'opposition accuse le ministère d'avoir imprudemment provoqué doit également retomber tout entière sur la majorité du conseil municipal.

Nous allons justifier notre allégation.

Nous demandons à tous les hommes impartiaux, si le paragraphe illégalement inséré dans la délibération du conseil municipal du 17 juillet, n'était pas, à la fois, dans la pensée de ses auteurs, destiné à indiquer, pour les fonctions de maire, un seul homme, à l'exclusion d'un seul autre.

Dans la ville d'Angers, chacun sait que ce paragraphe disait au gouvernement de placer M. Farran et de ne pas placer M. Giraud à la tête de l'administration municipale. Ce n'est pas l'organe de l'opposition qui le niera, lui, qui écrivait dans son numéro du 28 mars : *M. Farran est, en un mot, non seulement l'adversaire politique de M. Giraud, mais, en quelque sorte, son antagoniste personnel*, et qui ajoute plus loin : *Le ministère sait cela.*

Or, s'il était du droit, nous dirons plus, s'il était du devoir de M. le ministre de l'intérieur de ne pas prendre en considération la première injonction, il était également de son droit, nous dirons aussi, de son devoir, de ne pas davantage prendre en considération la seconde injonction. C'est en effet parce qu'il savait que M. Farran était, dans cette circonstance, par le vice même de la situation que l'esprit de parti lui avait faite, l'adversaire politique, l'antagoniste personnel de M. Giraud, qu'il a dû, à la fois, ne pas proposer le premier, et proposer le second au choix du Roi.

Le pouvoir central ne doit pas, ne peut pas plus accorder aux conseils municipaux la faculté d'exclusion que la faculté de désignation. L'une et l'autre ont les mêmes dangers.

Dans une ville hostile au gouvernement, hostile à la Charte et à la dynastie de 1830, hostile aux institutions, le conseil municipal pourrait ne renfermer qu'un seul membre disposé à faire exécuter les lois qui concernent la sûreté générale et l'intérêt public, qu'un seul membre enfin disposé à remplir ses devoirs envers l'administration supérieure. L'expression d'un vœu dirigé contre la nomination de ce seul membre aux fonctions de maire devrait-elle donc être accueillie? Sans doute, il n'en était pas ainsi à Angers. Mais nous ne pouvons trop le répéter, il est du devoir d'une administration sage et prévoyante de ne pas laisser s'établir de précédents qui, sans danger aujourd'hui, sans danger ici, peuvent être invoqués demain, invoqués ailleurs, par des ennemis avoués du gouvernement de 1830.

On nous répond que c'est un singulier raisonnement que celui qui consiste à prétendre qu'il est de l'honneur du gouvernement de ne pas éviter un écueil, justement parce que cet écueil lui est signalé.

Cet argument n'a pas la moindre valeur. C'est plaisanter, ce n'est pas raisonner.

Les gouvernés ont toujours la prétention, qu'ils adressent des réclamations, des observations, des conseils ou des vœux aux gouvernants, de leur signaler des écueils. Or, il peut arriver, il arrive même presque toujours que l'écueil serait, en pareil cas, dans la condescendance et non dans la résistance. Voyons plutôt.

Le vœu du conseil municipal d'Angers était une illégalité, puisqu'il n'aurait pas dû être exprimé dans la séance du 17 juillet 1843 ; une déviation d'attributions, puisqu'il tendait à transporter du préfet au conseil le soin d'éclairer le pouvoir central; un empiètement, puisqu'il intervenait dans une question de nomination exclusivement réservée par la loi à la puissance exécutive que la Charte confère au roi.

Dès-lors l'écueil n'était-il pas dans une condescendance qui aurait approuvé, justifié à la fois une illégalité, une déviation d'attributions, un empiétement. Dans tous les cas, cet écueil, plus grave, parce qu'il était plus général, ne devait-il pas être évité de préférence à un écueil moins dangereux, parce qu'il était plus spécial? M. le ministre de l'intérieur ne devait-il pas se préoccuper avant tout de la conservation des principes d'intérêt public? C'est ce qu'il a fait en remplaçant M. Farran par M. Giraud.

Quel est, en effet, le sens de cet acte, quelle en est la raison?

M. le ministre de l'intérieur a-t-il voulu enlever les fonctions de maire à un citoyen honorable, avec qui sympathisait la majorité du conseil municipal, pour les confier à un autre citoyen, également honorable, du reste, personne n'oserait dire le contraire, à un autre citoyen, avec qui ne sympathisait pas alors cette même majorité? Non, certes.

M. le ministre de l'intérieur a voulu protester par sa conduite contre une illégalité, contre une déviation d'attributions, contre un empiètement, protester en faveur de la prérogative royale méconnue, de la centralisation administrative attaquée, de la loi municipale violée. M. le ministre de l'intérieur a voulu réserver l'entière liberté, la complète indépendance du pouvoir exécutif dans la nomination des maires. Il a voulu protester contre la prétention des conseils municipaux à se croire autorisés, contrairement au texte et à l'esprit de nos institutions, à indiquer directement des choix, à prononcer indirectement des exclusions, ce qui ferait des conseillers municipaux de véritables électeurs. tandis qu'ils ne sont que des candidats aux fonctions de maire. Voilà ce qu'a voulu faire, ce qu'a fait M. le ministre de l'intérieur, et il a eu raison.

Ici encore, nous ne pouvons que répéter, avec une conviction profonde, que, s'il y a aujourd'hui conflit municipal à Angers, la faute en est tout entière à l'opposition, qui a provoqué les mesures qui sont l'origine de ce conflit. Nous le répétons, car il importe que tous les habitants d'Angers, que tous les électeurs municipaux le sachent bien. Il importe qu'on sache que ceux-là qui se plaignent aujourd'hui du remplacement de M. Farran et de la nomination de M. Giraud, sont les premiers provocateurs de cette double mesure.

Cependant, nous sommes des premiers à reconnaître que, tout en se préoccupant surtout de ces questions de premier ordre, M. le ministre de l'intérieur avait encore à se préoccuper de questions de second ordre. Ainsi M. le ministre de l'intérieur avait à examiner en nommant M. Giraud maire d'Angers, si M. Giraud répondait personnellement aux exigences politiques d'abord, et ensuite aux exigences municipales.

Nous disons avec raison que M. le ministre de l'intérieur devait examiner d'abord cette nomination, sous son coté personnel, au point de vue des exigences politiques. En effet, le maire est avant tout, chacun le sait, le délégué de l'administration supérieure ; il est fonctionnaire public avant d'être magistrat municipal.

Nous ne sommes ni les seuls, ni les premiers à le dire. Un homme, dont l'opposition la plus avancée ne saurait récuser le témoignage, l'a dit avec plus d'éloquence et d'autorité. Cet homme, c'est M. de Cormenin, le publiciste, le pamphlétaire du radicalisme.

Voici ce que cet écrivain a dit des maires :

LE MAIRE, AGENT DU GOUVERNEMENT, **ABSORBE** LE MAIRE, AGENT DE LA COMMUNE. *C'est comme délégué du ministre des finances, que le maire assiste au recensement ; comme délégué du ministre de la guerre, aux opérations du recrutement ; comme délégué du ministre de l'intérieur, aux élections et aux travaux des chemins, des presbytères, des cimetières, des mairies, des écoles ; comme délégué du ministre des cultes, aux comptes des fabriques ; comme délégué du ministre de l'instruction publique, qu'il surveille les instituteurs ; comme délégué du ministre de la police et du ministre de la justice, qu'il délivre les passeports, qu'il réprime le vagabondage, qu'il rédige les actes de l'état civil, qu'il constate les crimes, délits, contraventions, et qu'il exerce la police judiciaire.*

On le voit, le maire est, à bien des titres, subordonné à l'autorité de l'administration supérieure, et cette subordination remonte à l'origine même du système municipal moderne : elle était inscrite dans la première loi promulguée sur les municipalités. L'article 58 de cette loi disait : *Les corps municipaux, en ce qui regarde les fonctions qu'ils auront à exercer par délégation de l'administration générale, seront entièrement subordonnés aux administrateurs de district et de département.* Cette loi est l'œuvre de l'assemblée constituante qui régularisa la centralisation, et qui comprit que cette grande pensée, née du génie national, fruit du travail de deux siècles, serait compromise si l'autorité municipale n'était pas soumise à l'action de l'autorité supérieure.

Dès lors, le maire ne doit-il pas être avant tout l'homme du gouvernement, ne doit-il pas offrir au pouvoir des garanties politiques pour la manière dont il fera exécuter les lois de sûreté générale qui intéressent l'Etat. N'est-ce pas le droit, n'est-ce pas le devoir du ministère de confier les fonctions de maire aux hommes qui lui offrent ces garanties par une conviction plus forte, par un dévouement plus éprouvé.

Or, nous ne croyons même pas qu'il soit nécessaire de justifier, de ce point de vue, la nomination de M. Giraud. Ses adversaires n'ont pas élevé eux-mêmes le doute le plus léger sur les garanties politiques que le pouvoir devait trouver en lui. S'ils font, sous ce rapport, un reproche à cette nomination, c'est le reproche contraire. Mais, à nos yeux, ce reproche est un éloge.

Serait-ce donc au point de vue des exigences municipales que la nomination de M. Giraud serait une erreur de l'administration supérieure?

Examinons.

Quelles conditions doit remplir un candidat aux fonctions de maire. Il doit posséder la capacité administrative, l'estime publique, la confiance générale.

Est-ce que M. Giraud ne remplit pas ces conditions ?

Il eût été, certes, fort difficile à M. le ministre de l'intérieur de le penser, car, électeurs politiques, électeurs départementaux, électeurs communaux, conseillers municipaux eux-mêmes, chacun à Angers avait pris soin de lui inspirer l'opinion contraire. Certes, si quelque chose témoigne de la confiance et de l'estime d'une ville, ce sont les suffrages donnés librement par des électeurs libres, les hommages librement rendus à la capacité et à la probité par des conseillers libres.

Enumérons.

Au moment où éclate la Révolution de 1830, au milieu de l'effervescence produite par ce glorieux événement, une commission municipale provisoire se forme spontanément à Angers. M. Giraud en fait partie, à la satisfaction unanime des habitants de la ville. Depuis lors, depuis la loi de 1831, à chaque élection municipale nouvelle, son nom est sorti de l'urne électorale. Nommé d'abord d'office, par le préfet, membre du conseil général du département de Maine et Loire, il n'a pas cessé depuis d'en faire partie ; il n'a pas cessé, depuis la promulgation de la loi de 1833, d'être appelé dans ce conseil par le suffrage de ses concitoyens. Pendant six années, du mois de janvier 1831 au mois de novembre 1837, il a été honoré par les électeurs même d'Angers du mandat de député, et si ce mandat lui a été retiré en 1837, ce n'est point qu'il eût perdu la confiance de ses commettants, c'est que sa réélection fut vivement combattue alors par le ministère. Il n'a pas succombé devant une réaction de l'opinion publique, il a succombé devant les efforts de l'administration centrale. Enfin, nommé maire en 1832, par M. d'Argout, réélu en 1834, par M. Thiers, il n'a été remplacé en 1837, par M. Farran, que par esprit de représailles politiques. Il était frappé par un ministère, auquel il avait fait une opposition que nous n'approuvons pas, mais à laquelle ses adversaires actuels applaudissaient plus que personne. Il n'était atteint ni par la désapprobation de ses concitoyens, ni par la désaffection du conseil; il n'était pas même condamné, comme maire, par l'administration supérieure elle-même. La preuve, la voici.

M. Farran fut installé le 24 octobre 1837. Or, à cette séance d'installation, M. Gauja, alors préfet de Maine et Loire, s'exprimait ainsi :

La responsabilité que vous assumez sur vous en ce moment n'est pas au-dessus de vos forces et surtout de votre dévouement. Sans doute, l'administration qui a dirigé les affaires de la ville, pendant les cinq dernières années, doit avoir rendu votre tâche plus difficile et vos concitoyens plus exigeants; elle a présenté, en effet, l'exemple de ce que peut accomplir une volonté forte et intelligente, animée du désir de bien faire, quand elle rencontre, comme ici, le concours d'un conseil municipal éclairé et l'appui d'une population morale. Grâce à cette administration, la tranquillité la plus parfaite n'a pas cessé de régner dans la commune; vos revenus sont devenus productifs; d'importants travaux ont été entrepris, qui embellissent la cité ou augmentent le nombre de ses établissements utiles.

Un mois plus tard, le 23 novembre, le conseil

municipal se trouvait, pour la première fois, convoqué par l'administration nouvelle. Or, le registre des délibérations porte ce qui suit :

Un membre du conseil propose un vote ainsi conçu : « Le » conseil municipal, à l'ouverture de la session, s'empresse » d'adresser à M. Augustin Giraud les remerciements qui » sont dus à sa bonne et sage administration comme maire » d'Angers, et de lui exprimer les regrets que la cessation de » ses fonctions fait éprouver à la cité entière. »

Un autre membre fait observer que quoiqu'il appelle de ses vœux le moment où la nomination des maires cessera d'être dans les attributions du pouvoir royal, néanmoins il rejette la seconde partie de la proposition comme contraire à la prérogative royale, dans l'ordre actuel des choses.

L'auteur de la proposition, en repoussant le vœu émis par le préopinant, comme inconstitutionnel et funeste, soutient que la proposition ne contient aucun blâme de la non-réélection de M. Giraud; elle ne présente que l'expression des sentiments de gratitude et de regrets de la cité, dans les limites du respect dû à l'autorité royale.

Un de MM. les conseillers fait observer que la proposition est toute municipale et demande qu'elle soit mise aux voix sans discussion politique, chose que la loi interdit aux conseils municipaux.

Alors le contradicteur de la proposition dit qu'il reconnaît la vérité des faits et partage les sentiments qu'elle exprime. Mais voulant éviter toute interprétation fâcheuse, il en demande la division, en maintenant les remerciements et en supprimant l'expression des regrets.

La division mise aux voix, par assis et levé, est rejetée.

La proposition mise aux voix, telle qu'elle est transcrite ci-dessus, est adoptée dans son ensemble, à la majorité de 15 voix contre 14, sur 29 votants.

Y avait-il dans ces précédents, oui ou non, aux

yeux de M. le ministre de l'intérieur, comme aux yeux de tous, des garanties municipales? Sont-ce là, oui ou non, des preuves de capacité administrative, d'estime publique, de confiance générale? Nous le demandons à la majorité du conseil municipal, nous le demandons à tous les hommes impartiaux.

M. GIRAUD ET M. FARRAN.

Nous avons surabondamment démontré, par le simple récit des faits, commentés au point de vue des principes, que rien ne justifie, dans ses motifs et dans ses causes, l'opposition que la majorité du conseil municipal s'est imaginée de faire au gouvernement, en refusant de prêter son concours à M. Giraud, nommé, par le Roi, maire d'Angers, en remplacement de M. Farran.

Jugeons les effets. Le conseil municipal, en entravant la marche de l'administration, en ajournant les affaires les plus pressantes, en négligeant les intérêts les plus graves, en censurant un acte du pouvoir, s'arroge le droit qu'il n'a pas, et manque au devoir qui lui est imposé.

Il y a d'abord, au fond de tout cela, une question de convenance que nous devons traiter, malgré notre répugnance à nous occuper des personnes. Nous voulons parler de la conduite de M. Farran dans toute cette affaire.

M. Giraud, lui aussi, a été remplacé dans ses

fonctions municipales, remplacé par des raisons purement politiques, remplacé par un esprit de représailles. Le ministère du 15 avril, en lui donnant, en 1837, un successeur au fauteuil de maire, frappait le député et non le magistrat.

M. Giraud fut remplacé par M. Farran lui-même, par M. Farran, qui était depuis cinq ans son premier adjoint, par M. Farran qui avait tenu à honneur de remplir à côté de lui ce poste secondaire.

Que fit alors M. Giraud?

M. Giraud sacrifia ses susceptibilités personnelles et ses rancunes politiques aux intérêts de la ville. Il fit acte de bon citoyen. Il assista à la séance d'installation de M. Farran. Il prêta constamment et loyalement son concours à l'administration nouvelle.

En 1843, c'est M. Farran, à son tour, qui fut remplacé par M. Giraud, par toutes les raisons que nous avons énumérées.

Que fit alors M. Farran?

Maire sortant, M. Farran n'assista pas à la séance d'installation de M. Giraud. Depuis, il n'a pas inspiré, nous le savons, l'opposition qui s'est faite systématiquement et violemment, en son nom, à l'administration actuelle, mais il a consenti à lui servir de drapeau, il l'a autorisée, en acceptant un numéro dans ses rangs, en consentant à faire cause commune avec elle, en se laissant enrégimenter enfin parmi ses membres.

Triste rôle que celui-là. Combien la conduite de M. Farran eût été plus digne, s'il se fût abstenu, ou, plutôt, s'il eût, sans hésiter, suivi, en 1843, l'exemple de désintéressement et d'abnégation que

M. Giraud lui avait donné en 1837. En n'agissant pas ainsi, M. Farran s'est abaissé dans l'opinion publique.

Nous voudrions de grand cœur pouvoir tenir un autre langage. Personne, plus que nous, n'estime M. Farran. Nous croyons fermement à la pureté de ses intentions, à la sincérité de ses convictions. C'est un caractère honnête, un citoyen dévoué à la Charte et au gouvernement de 1830, un homme honorable.

Pourquoi faut-il que M. Farran ne comprenne pas la fausseté de sa position, ne sente pas ce que la dignité exige de l'homme, ce que le devoir réclame du citoyen? Pourquoi faut-il surtout qu'il s'asservisse au joug d'une coterie dont il n'a ni les principes, ni les intérêts?

Nous comprenons que M. Farran fasse à la chambre des députés de l'opposition ministérielle, si son opinion l'y invite. Le droit et le devoir de M. Farran est d'y voter selon sa conscience.

Mais le conseiller municipal n'est plus le député. Qu'à la chambre, M. Farran fasse de la politique, c'est bien. Au conseil municipal, il ne doit faire que de l'administration. Nous dirons plus. Moins que personne et cela par un sentiment de convenance facile à comprendre, moins que personne, il y devait faire de l'opposition systématique et personnelle.

Revenons aux principes.

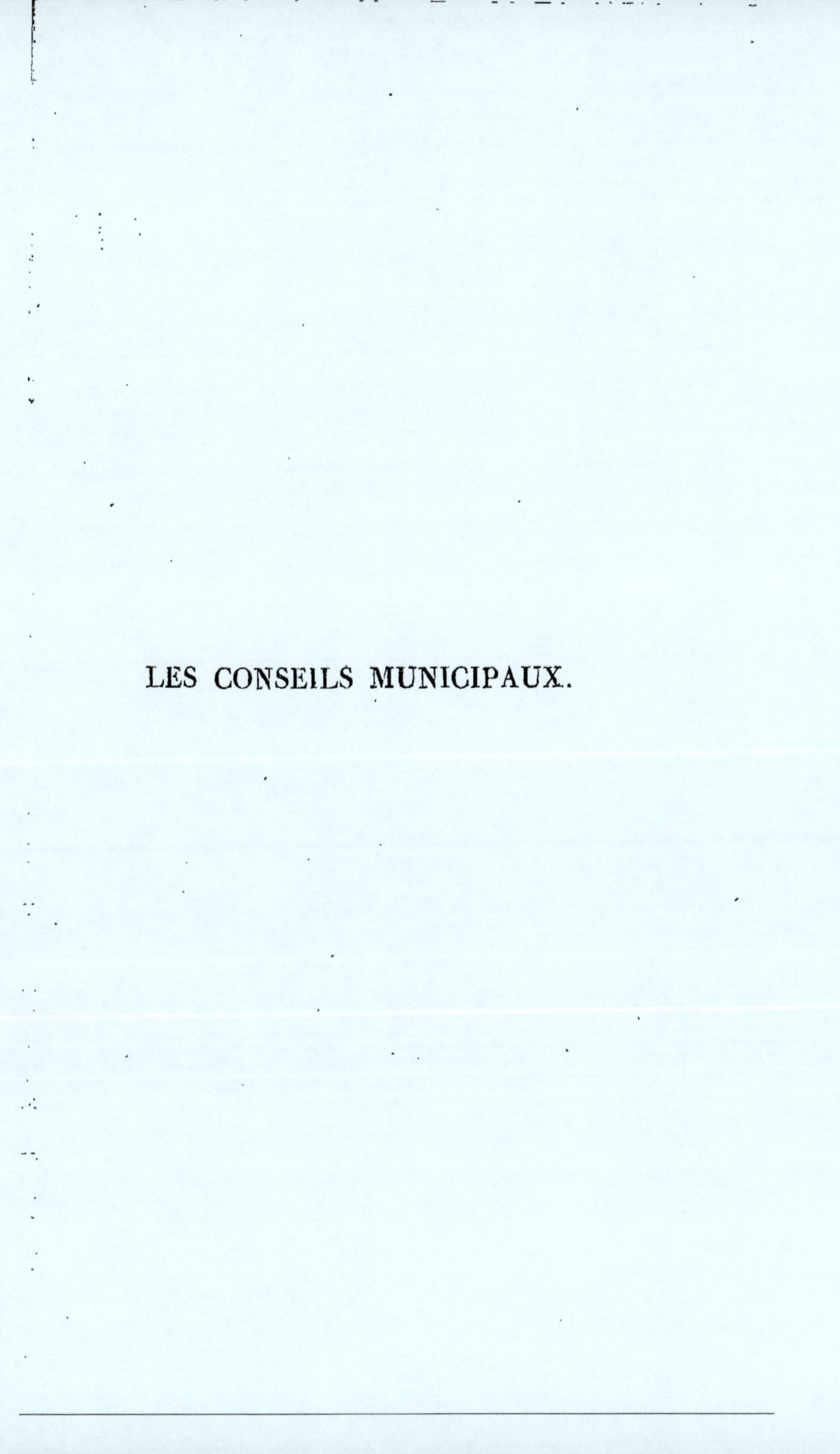

LES CONSEILS MUNICIPAUX.

Avant d'examiner la question du refus de concours, établissons d'abord le vrai caractère des conseils municipaux. C'est un publiciste de l'opposition, c'est M. le vicomte de Cormenin qui va nous aider à définir ce caractère.

M. le vicomte de Cormenin a publié en 1840 un ouvrage remarquable, intitulé : *Droit administratif*. Cet ouvrage est précédé d'une introduction historique et générale, dans laquelle on retrouve toutes les qualités de ce publiciste : style, érudition, logique.

Dans cette introduction, on lit à la page 35 :

« La loi des élections municipales fit un pas de retour vers la juridiction administrative, en investissant les conseils de préfecture du droit de prononcer sur la validité des opérations électorales.

» Si les conseils municipaux ne vérifient pas eux-mêmes leurs pouvoirs, C'EST QU'ILS NE SONT PAS, COMME LA CHAMBRE DES DÉPUTÉS, DES CORPS INDÉPENDANTS ET CONSTITUÉS. Ils ne sont que des corps administratifs, dépendances essentielles, portions intégrantes du système gouvernemental dans la sphère duquel ils fonctionnent, et c'est

pour cela que les conseils de préfecture vérifient, s'il y a lieu, les pouvoirs de leurs membres par la voie contentieuse. »

Nous devons dire, pour donner, dans cette circonstance, plus d'autorité à cette citation, que M. le vicomte de Cormenin appartient à l'opposition la plus avancée, et qu'il est, sur ces matières, le plus éminent publiciste que la France possède.

Ainsi, l'opposition municipale se débat en vain sous le poids accablant de la logique, du droit et de la vérité qui condamnent ses prétentions, ses maximes, ses actes.

Nous ne sommes pas seuls à le dire. M. le vicomte de Cormenin l'a dit avant nous : *Un conseil municipal n'est point, de même que la chambre des députés, un corps indépendant et constitué.*

Ainsi, point d'assimilation possible entre un conseil municipal et la chambre des députés. Ainsi, tous les arguments qu'on prétend tirer de cette fausse assimilation tombent d'eux-mêmes devant le témoignage du publiciste qui a dit que *les conseils municipaux ne sont point, comme la chambre des députés, des corps indépendants et constitués.*

Qu'est-ce donc alors qu'un conseil municipal? Le même publiciste nous l'apprend. C'est un corps *administratif*, qu'on remarque bien ce mot, un corps *administratif, dépendance essentielle, portion intégrante du système gouvernemental dans la sphère duquel il fonctionne.*

Or, quel est le système gouvernemental dans la sphère duquel fonctionnent les conseils municipaux?

Ce système, c'est celui de l'administration départementale et communale, qui relève du pouvoir exécutif, confié au Roi par la Charte, administration placée dans les attributions du ministre de l'intérieur qui la dirige, sous sa responsabilité personnelle.

Evidemment, la dépendance, la portion doit suivre le mouvement général du système entier. Il ne saurait être admis que la partie peut, s'isolant du tout, marcher dans une voie différente, et exercer une puissance qui lui serait propre et qui ne serait pas au corps tout entier.

Maintenant, nous le demandons.

Quel est le mouvement général, ou plutôt quelle est la fonction de l'administration départementale et communale?

Est-ce d'examiner, de censurer ou d'approuver la marche politique du gouvernement ? Non.

Est-ce d'examiner, de censurer ou d'approuver les actes que contresigne, sous sa responsabilité, le ministre de l'intérieur, en sa qualité de membre du pouvoir exécutif central, actes au nombre desquels figure, en première ligne, la nomination des fonctionnaires qui dépendent de son administration et relèvent de son autorité? Non, cent fois non.

La fonction de l'administration départementale et communale, prise dans son ensemble, est de gérer, conformément aux lois, les affaires spéciales des départements et des communes.

Cette fonction de l'administration départementale et communale est, dans sa sphère particulière, celle de tout corps municipal quelconque. Cette fonction, il doit l'exercer, et quand il ne le fait pas, il manque à son origine, à ses obligations, à sa nature. Il ne peut exercer que celle-là, parce que c'est la seule que la loi lui confie.

La gestion des affaires spéciales d'une commune appartient à la fois à l'administration, déléguée du Roi, pouvoir exécutif, et au conseil, mandataire des citoyens, pouvoir délibérant.

Le principe primitif, originel de ces deux membres du corps municipal, le conseil et l'administration, est le même. Les membres du conseil et de l'administration sont également, les uns et les autres, le produit de l'élection communale.

Mais l'élection communale n'est qu'une première opération destinée à régulariser l'intervention de tous les habitants d'une même ville dans les affaires locales de cette ville, au moyen de mandataires choisis par eux.

Ce droit d'intervention des citoyens dans les affaires de la commune, s'épuise complétement, définitivement, dans cette opération première.

Une fois le corps municipal intégralement, légalement, régulièrement constitué, au moyen de l'élection communale, alors survient une seconde opération qui ne doit, qui ne peut être pratiquée que par le pouvoir central, par le pouvoir exécutif, par le pouvoir royal enfin, et qui ressort spécialement, uniquement de ses attributions.

Cette seconde opération consiste à séparer en deux membres le corps municipal, à le diviser en administration, pouvoir actif ou exécutif, et en conseil, pouvoir délibérant ou consultatif.

Cette opération se fait par la nomination, aux fonctions de maire et aux fonctions d'adjoints du maire, de ceux des membres du corps municipal que la sagesse du gouvernement croit devoir investir de sa confiance, car, à côté des attributions purement municipales que la loi confère aux maires et aux adjoints des maires, la loi confère encore à ces fonctionnaires des attributions publiques qui sont une délégation de l'autorité royale.

Avant que cette opération soit terminée, quelle est la position des membres du conseil municipal. Ce sont des candidats aux fonctions de maire et d'adjoints du maire. Tous en effet peuvent également y prétendre. Evidemment des candidats ne sauraient avoir un droit quelconque d'action sur la nomination.

Quand une fois cette opération est accomplie, quelle est la situation des candidats qui n'ont point été choisis par le Roi ou par le préfet, au nom du Roi ? Ils cessent d'être candidats aux fonctions de maire ou d'adjoints du maire. Ils deviennent membres du conseil, ils forment la partie délibérante ou consultative du corps municipal.

Entre la première opération qui est l'élection communale, et la seconde opération qui est le choix royal, tous les membres du corps municipal sont des candidats élus par leurs concitoyens. Ils doivent attendre.

Après la seconde opération, le maire et les adjoints sont les délégués du pouvoir central. Les autres membres du corps municipal sont les conseillers de la commune. Les uns et les autres doivent s'accepter, sans se discuter, parce que les uns et les autres représentent un principe, un droit qui ne se discutent pas.

L'administration doit accepter le conseil, parce

que le conseil a été librement et légalement choisi par les électeurs communaux.

Le conseil doit accepter l'administration, parce que l'administration a été librement et légalement nommée par l'autorité royale.

Quelques paroles prononcées dans la séance extraordinaire du 1er juin 1844, par un membre de l'opposition, justifient complétement notre opinion.

Ce membre a dit que le caractère de notre nouveau régime, c'est qu'*à côté du droit de choisir les maires, délégués du pouvoir central, soit aussi le concours des conseillers élus, interprètes des vœux de la commune; qu'il y a là deux ordres d'influence, d'origine diverse, qui ne doivent s'abdiquer ni l'une ni l'autre, qui doivent s'accepter.*

Oui, sans doute, auprès du maire, délégué du pouvoir central, la loi a placé des conseillers, mandataires de la commune.

Mais la loi n'a pas placé les conseillers auprès du maire pour qu'ils eussent à examiner si le pouvoir central devait investir celui-ci ou celui-là des fonctions de premier magistrat de la cité, car ce ne serait plus contrôler les affaires de la commune, mais bien l'exercice de l'autorité royale. La loi a voulu qu'ils pussent discuter les actes et non la personne du maire.

Oui, ces deux influences, le conseil et l'administration, viennent *d'origine diverse,* oui elles doivent *s'accepter*. Cela est vrai, très vrai. Mais ce qui n'est pas moins vrai, c'est qu'elles doivent s'accepter sans se discuter, justement parce qu'elles ont une origine diverse, et qu'elles ne sont pas juges de cette origine, l'une à l'égard de l'autre.

L'administration, en acceptant le conseil, n'abique pas devant les personnes; elle se soumet à ι manifestation du principe électif.

Le conseil, en acceptant l'administration, n'abique pas davantage devant les personnes; il se oumet à la manifestation du principe monarchiue. Il n'y a là, de part et d'autre, ni sujétion ni bdication; il y a nécessité, parce qu'il y a devoir e concourir au même but, qui est la meilleure estion possible des intérêts de la cité.

Voyons maintenant si, malgré tout, le refus de oncours est dans le droit des conseils municiaux.

REFUS DE CONCOURS.

Non, le relâchement ne saurait exister à l'usage des conseillers municipaux. Nous sommes, en cela, d'un avis opposé aux publicistes gouvernementaux qui, tout en blâmant bien haut le conseil municipal d'Angers, prétendent qu'il est dans son droit.

Ainsi, le conseil municipal d'Angers n'est pas dans son droit, conséquemment, en entravant la marche de l'administration municipale, en arrêtant l'expédition des affaires de la ville, en s'insurgeant contre une injonction que le pouvoir central avait mission de faire.

Agir de la sorte, contrairement à toutes les notions du juste, contrairement à tous les devoirs, contrairement à tous les conseils de la raison, est au pouvoir du conseil municipal, puisque, dans l'espèce, l'autorité centrale n'est armée d'aucun moyen d'action de contrainte. Mais cela n'est pas dans son droit, ce qui serait très différent. Le pouvoir et le droit sont choses essentiellement distinctes.

Non, le refus de concours ne saurait exister à l'usage des conseillers municipaux. Nous sommes, en cela, d'un avis opposé aux publicistes gouvernementaux qui, tout en blâmant bien haut le conseil municipal d'Angers, prétendent qu'il est dans son droit.

Non, le conseil municipal d'Angers n'est pas dans son droit, en suspendant la marche de l'administration municipale, en arrêtant l'expédition des affaires de la ville, en s'insurgeant contre une nomination que le pouvoir central seul avait mission de faire.

Agir de la sorte, contrairement à toutes les notions du juste, contrairement à tous les devoirs, contrairement à tous les conseils de la raison, est au pouvoir du conseil municipal, puisque, dans l'espèce, l'autorité centrale n'est armée d'aucun moyen d'action de contrainte. Mais cela n'est pas dans son droit, ce qui serait très-différent. Le pouvoir et le droit sont choses essentiellement distinctes.

Qu'est-ce qu'une commune, dans l'ordre civil? Un mineur.

Qu'est-ce qu'un maire? Un administrateur, qui gère les biens du mineur, sous la surveillance d'un tuteur, qui est le gouvernement, et dont il est le représentant.

Qu'est-ce qu'un conseil municipal? Un conseil de famille.

Quel est le rôle des conseils de famille? Ils contrôlent, ils tempèrent, ils secondent l'autorité du tuteur dans l'intérêt des pupilles.

Accepter le titre de membre d'un conseil de famille, c'est évidemment en contracter les obligations.

Or, que dirait-on d'un conseil de famille qui entraverait la gestion du tuteur, en le mettant dans l'impossibilité de faire les actes de conservation et d'amélioration, commandés par une bonne administration des intérêts et des biens du pupille, et pour lesquels l'assentiment de ce conseil de famille serait nécessaire?

Il n'y aurait pas assez d'indignation pour condamner une pareille conduite. Nul n'admettrait qu'un conseil de famille aurait le droit d'abandonner les intérêts d'un mineur, car tous diraient avec raison qu'il a le devoir de veiller à leur conservation.

Pourquoi en serait-il tout autrement d'un conseil municipal qui n'est après tout que le conseil de famille de la commune.

Le maire n'a pas les sympathies de la majorité du conseil municipal d'Angers. Qu'importe? Un père que la loi fait tuteur de son fils, peut bien également n'avoir pas les sympathies des membres du conseil de famille. Est-ce que cela autoriserait celui-ci à compromettre par des ajournements funestes les intérêts du mineur?

De quel principe les conseillers municipaux tiendraient-ils ce droit de refus de concours?

A coup sûr, on ne saurait accorder à un conseil municipal ce droit étrange, comme un moyen indirect de forcer le pouvoir exécutif à subordonner la nomination du maire à la sanction de la majorité des conseillers. Il y aurait alors en France trente-sept mille conseils souverains investis du pouvoir de paralyser l'action de l'administration centrale, ou de lui imposer les hommes dont elle doit se servir pour assurer l'exécution des lois de sûreté générale. Cela est-il possible? Non certes. Puis que l'on admet, d'un côté, comme nous l'avons précédemment prouvé, qu'en vertu de l'article 3 de la loi du 21 mars 1831, le roi nomme les maires, qu'il les nomme et les choisit librement parmi les membres du conseil municipal, on ne peut admettre, d'un autre côté, que les conseils municipaux aient le droit de paralyser les choix faits par le Roi, au moyen d'un refus de concours. Le second droit détruirait le premier, et nous avons assez dit pourquoi le premier devait rester intact, entier, pourquoi dans l'intérêt des principes constitutionnels, de la prérogative royale, de la centralisation administrative, de la sûreté générale, il devait être préservé de toute atteinte. Dicter avant, condamner après, ce serait toujours arriver au même résultat, et puisque les conseils municipaux ne doivent pas s'immiscer avant dans la nomination des maires, il ne le peuvent pas davantage après. Ils n'ont pas à examiner si la personne ou l'opinion du maire nommé leur convient ou ne leur convient pas ; ils doivent l'accepter.

Il n'y a pas très longtemps que nos principes sur cette matière étaient ceux du membre le plus exalté peut-être de la majorité municipale opposante, de M. Bordillon, car c'est lui qui, le 23 novembre 1837, rejetait comme CONTRAIRE A LA PRÉROGATIVE ROYALE, la seconde partie de la proposition par laquelle un de ses collègues demandait qu'on exprimât à M. Giraud *les regrets que la cessation de ses fonctions faisait éprouver à la cité entière.* C'est dans les circonstances actuelles, une autorité que nous sommes heureux de pouvoir citer, et nous rappelons avec respect les anciens scrupules de M. Bordillon.

Les conseils municipaux qui n'ont pas le droit de contrecarrer le pouvoir exécutif dans la nomination des maires, en refusant leur concours au délégué de l'autorité royale, auraient-ils celui de traduire à leur barre, de juger, de condamner, dans la personne du représentant de la puissance ministérielle, le système politique du gouvernement, et pourraient-ils refuser ce concours, non plus au délégué du Roi, mais à l'agent du ministre comme la personnification supposée de la pensée du cabinet.

Mais ce serait assimiler les conseils municipaux au corps législatif, ce serait placer sans cesse, à chaque degré de l'échelle administrative, les rouages constitutionnels qui ne fonctionnent qu'à la tête du gouvernement.

Est-ce qu'un cabinet quelconque n'est pas l'expression de la majorité législative ? Est-ce que la politique ministérielle n'est pas la politique de cette majorité? Est-ce qu'elle peut, dès lors, être soumise à la sanction partielle de trente-sept mille majorités municipales, dont les unes diraient oui, tandis que les autres diraient non?

La responsabilité ne descend pas du ministre à l'agent inférieur; elle réside tout entière dans le ministre qui répond seul devant les chambres des actes de l'administration. Il en est de même du concours. Il ne descend pas de la chambre des députés aux conseils inférieurs. Il réside en entier dans la chambre des députés, qui seule impose au ministère la politique du pays.

Au-dessous, rien de semblable n'a lieu. Au-dessous, il n'y a pas de politique dirigeante et délibérante. Il n'y a que de la politique exécutive, ou, plutôt, il n'y a que de l'administration. Chacun a ses attributions, ses devoirs, ses obligations. Nul ne doit sortir des unes, oublier les uns, transgresser les autres. Personne n'a réellement de droits. Les droits sont l'attribut du pouvoir, et le pouvoir, dans toutes ses manifestations, n'est qu'au sommet de l'édifice constitutionnel ; il n'est jamais à sa base.

S'il en était autrement, pourquoi les conseils généraux ne s'aviseraient-ils pas aussi de refuser leur concours aux préfets, pour manifester leur opposition à la politique générale du ministère? Où s'arrêterait un pareil système? Que deviendrait le pouvoir exécutif? Que deviendrait la centralisation?

ÉTAT DE LA QUESTION.

Avant d'examiner et d'apprécier la conduite de la majorité du conseil municipal, nous allons rappeler sommairement et brièvement tous les faits que nous avons constatés, tous les principes que nous avons établis, faits qui sont incontestables, principes qui sont irréfutables.

Au mois de juin 1843, le terme légal du mandat de l'administration d'Angers expire. L'époque du renouvellement triennal du conseil arrive. On procède à ce renouvellement. Le corps municipal se reconstitue par de nouvelles élections communales.

Une visite princière provoque une réunion extraordinaire du conseil. Dans cette réunion, le maire sortant, M. Farran, prononce une harangue, dans laquelle il déclare que s'il n'est pas investi de nouveau des fonctions de premier magistrat de la cité, il y aura, de la part du pouvoir, ingratitude et imprudence.

Une nouvelle réunion extraordinaire du conseil a lieu. Dans cette réunion, le conseil désigne au choix du ministre, chargé de l'adminis-

Avant d'examiner et d'apprécier la conduite de la majorité du conseil municipal, nous allons rappeler sommairement et brièvement tous les faits que nous avons constatés, tous les principes que nous avons établis, faits qui sont incontestables, principes qui sont irréfutables.

Au mois de juin 1843, le terme légal du mandat de l'administration d'Angers expire. L'époque du renouvellement triennal du conseil arrive. On procède à ce renouvellement. Le corps municipal se reconstitue par de nouvelles élections communales.

Une visite princière provoque une réunion extraordinaire du conseil. Dans cette réunion, le maire sortant, M. Farran, prononce une harangue, dans laquelle il déclare que s'il n'est pas investi de nouveau des fonctions de premier magistrat de la cité, il y aura, de la part du pouvoir, ingratitude et imprudence.

Une nouvelle réunion extraordinaire du conseil a lieu. Dans cette réunion, le conseil désigne du même coup au ministre, chargé de l'administration départementale et communale, un homme à choisir et un homme à exclure.

M. Farran s'était efforcé de violenter, par l'intimidation, la prérogative royale.

Le conseil, venant en aide au maire sortant, essaye, à son tour, de régenter le pouvoir central. Le conseil délibère sur une question qui n'était pas à l'ordre du jour de la séance, et s'arrogeant une mission qui n'est pas la sienne, il dicte aux dépositaires de l'autorité publique le choix des membres de l'administration future.

C'était à la fois, nous l'avons clairement démontré, une illégalité, une déviation d'attributions, un empiètement, trois motifs qui imposaient au gouvernement l'impérieuse obligation de ne pas déférer au vœu du conseil.

Placé entre la triste nécessité de sacrifier le petit intérêt au grand intérêt, forcé de froisser les sympathies d'un conseil municipal ou de déserter la cause de la centralisation administrative et du pouvoir central, de la prérogative royale, en un mot, M. le ministre de l'intérieur fit ce qu'il devait faire. Il subordonna la question locale à la question générale. M. Farran fut remplacé par M. Giraud dans les fonctions de maire d'Angers.

Voilà les faits dans toute leur simplicité, les faits officiels, les seuls dont nous ayons à connaître.

Quelle devait être, dans cette situation, la conduite réciproque du conseil et de l'administration?

Après la nomination du maire et des adjoints, tout était consommé.

La personnalité des membres du conseil devait disparaître aux yeux de l'administration. Elle aussi ne devait voir en eux que leur caractère officiel de conseillers de la commune.

Aux yeux du conseil, la personnalité du maire et des adjoints devait également disparaître. Il ne devait voir en eux que leur caractère officiel d'administrateurs de la ville.

Un conseiller municipal n'agit nullement en son nom. Il agit au nom de ses commettants, au nom de ses concitoyens. Son mandat n'est nullement politique. Il est tout municipal. Ce mandat, il ne le reçoit pas pour porter au siége magistral de la cité celui-ci ou celui-là. Il le reçoit pour savoir si ce lui qui occupe ce siége, si celui que la confiance du Roi, justifiée ou non justifiée, y a appelé, fait bien ou fait mal les affaires de la ville, pour apprécier l'utilité ou le danger de ses propositions, pour examiner ses comptes, ses actes d'administration, ses demandes.

Un conseiller municipal trahit donc ses devoirs, lorsqu'il substitue la défense de ses opinions politiques ou de ses passions personnelles, à la défense des intérêts purement municipaux de la cité.

Dans le conseil municipal, il n'y a ni hommes privés, ni hommes politiques; il n'y a là qu'un maire, des adjoints et des conseillers.

Hors du conseil, que chacun reprenne ses antipathies injustes ou justes, ses opinions, bonnes ou mauvaises. Rien de mieux. C'est le droit de chacun, comme à chacun appartient la responsabilité de la manière dont il en use.

Mais dans le sein du conseil, il ne doit y avoir d'autre antipathie que celle des dépenses qui seraient inutiles, d'autre opinion que celle du conseiller municipal qui juge les actes faits ou à faire, d'autre droit que celui de blâme ou d'approbation sur ces actes.

En un mot, le conseil et l'administration, ainsi que nous l'avons victorieusement prouvé, doivent réciproquement s'accepter, sans se discuter, par respect pour la loi, par respect mutuel pour leur origine diverse dont ils ne se doivent réciproquement aucun compte, par respect pour la Charte, et, par sentiment aussi de leur devoir, ils ne doivent songer qu'à accomplir leur mission, qui est de coopérer de concert à la meilleure gestion possible des affaires de la commune.

Voilà les principes dans toute leur vérité, les cipes constitutionnels, les seuls que nous devions reconnaître.

Résumons.

M. Farran, ancien maire d'Angers, a été légalement remplacé, et son remplacement a été provoqué par un acte illégal de la majorité du conseil municipal.

M. Giraud, maire actuel d'Angers, a été légalement nommé, et sa nomination, justifiée personnellement par des conditions de dévoûment et de capacité, a également été provoquée par le même acte illégal de l'ancienne majorité du conseil municipal.

Le conseil municipal n'a pas le droit de refuser son concours à une administration légalement choisie et constitutionnellement constituée. Il n'a pas ce droit, comme moyen de blâmer la nomination du maire, attendu que cette nomination est un acte de prérogative royale à laquelle il ne lui appartient pas de porter atteinte, et qui est hors de discussion. Il n'a pas davantage ce droit comme moyen de condamner, dans la personne de l'agent qui, dans son sein, en personnifie la pensée politique, le système du cabinet qui dirige les affaires du pays, attendu que le jugement à porter sur ce système, quel qu'il puisse être, est en dehors de ses attributions.

Le conseil municipal a le devoir de s'occuper, de concert avec l'administration municipale, des intérêts et des affaires de la ville d'Angers, mineur dont il s'est volontairement constitué le conseil de famille.

AFFAIRES MUNICIPALES.

AFFAIRES MUNICIPALES.

Ce devoir du conseil municipal de s'occuper des affaires de la ville d'Angers, mineur dont il est [illegible] ordinairement constitué le conseil [illegible] mune, était devenu au 27 juin une nécessité, une rigoureuse, une absolue nécessité.

Jusqu'à ce jour l'administration avait eu à présenter au conseil des propositions dont l'ajournement [illegible] regrettable, compromettante, mais non sans remède.

A la session ordinaire du mois de mai 1844, il ne s'agissait plus d'affaires imprévues, extraordinaires, partielles qui, si urgentes, si utiles, si graves qu'elles pouvaient être, n'en étaient pas moins en dehors du cercle des questions qui se rattachent au service public continu, quotidien, permanent de la cité.

Le refus de concours de la majorité du conseil municipal, si anormal, si étrange, si déplorable, si nuisible qu'il fût, pouvait encore se concevoir, lorsqu'il s'exerçait sur ces affaires imprévues, extraordinaires, partielles.

Ce devoir du conseil municipal de s'occuper des affaires de la ville d'Angers, mineur dont il s'est volontairement constitué le conseil de famille, était devenue au 1er juin une nécessité, une rigoureuse, une absolue nécessité.

Jusqu'à ce jour l'administration avait eu à présenter au conseil des propositions dont l'ajournement ou le refus était sans doute chose fâcheuse, regrettable, compromettante, mais non sans remède.

A la session ordinaire du mois de mai 1844, il ne s'agissait plus d'affaires imprévues, extraordinaires, partielles qui, si urgentes, si utiles, si graves qu'elles pouvaient être, n'en étaient pas moins en dehors du cercle des questions qui se rattachent au service public continu, quotidien, permanent de la cité.

Le refus de concours de la majorité du conseil municipal, si anormal, si étrange, si déplorable, si nuisible qu'il fût, pouvait encore se concevoir, lorsqu'il s'exerçait sur ces affaires imprévues, extraordinaires, partielles.

Appliqué en masse à toutes les parties du service public ordinaire, ce refus de concours ne se conçoit plus.

Il suffit de jeter les yeux sur les différents chapitres du budget des dépenses de 1845 qui a été soumis, aux délibérations du conseil pour se convaincre, au premier coup-d'œil, de l'embarras inextricable, des difficultés nombreuses, du tort immense qui en résulteront, non pour l'administration locale, non pour l'autorité gouvernementale, mais pour les quarante mille habitants d'Angers.

Nous ouvrons ce budget de 1845, et nous trouvons au nombre des dépenses que la loi n'a pas déclarées obligatoires, et que le système de refus de concours adopté par le conseil municipal suspendra de plein droit pour l'année prochaine :

1° Les allocations de la petite voierie savoir : le traitement de l'architecte-voyer, celui d'un conducteur-inspecteur des travaux, et les frais de bureau.

2° Le traitement du concierge du théâtre, celui du machiniste, l'entretien de la salle et celui des décorations.

3° L'entretien du pavage des voies publiques, et celui des rues et des places en empierrement, des aqueducs, des ponts et des fontaines, et des promenades publiques.

4° L'éclairage de la ville.

5° Les frais d'incendie, de réparation et d'entretien du matériel des pompes, de renouvellement et de réparation des effets à l'usage des pompiers qui sont fournis par la ville.

6° Les secours aux bureaux de bienfaisance, les frais des ateliers de charité.

7° Les dépenses du dépôt de mendicité.

8° Les secours aux écoles primaires, dites chrétiennes, et aux écoles primaires, dites mutuelles; aux écoles pour l'enfance, dites salles d'asile; aux écoles primaires, tenues par les sœurs de la Sagesse, de Saint-Vincent-de-Paule et de Sainte-Ursule; frais de location de l'école tenue par les sœurs de Saint-Vincent-de-Paule.

9° Les frais de la bibliothèque, du muséum de de peinture et de sculpture, du muséum d'histoire naturelle, du jardin botanique et du musée d'antiquités, dans lesquels frais sont compris les traitements des bibliothécaires, conservateurs, directeurs et surveillants.

Nous venons de rappeler les dépenses ordinaires.

Nous trouvons encore dans le chapitre des dépenses extraordinaires utiles, urgentes, indispensables, des motifs de plus qui auraient dû déterminer les membres de l'opposition municipale à faire cesser une situation déplorable, qui va devenir désastreuse, intolérable, alarmante.

Nous nous bornerons à citer l'allocation de 5,000 fr. qui était réclamée pour la réparation provisoire à faire aux bâtiments où est établie la sucursale du dépôt de remonte, la subvention annuelle que la ville est dans l'usage d'accorder au directeur de la troupe d'opéra, les sommes nécessaires pour l'achèvement de l'abattoir, enfin la répartition entre les plus forts imposés de la somme de vingt-trois mille francs de contributions directes à la décharge des imposés les plus nécessiteux.

LA VILLE ET L'ÉTAT.

Avant d'énumérer les conséquences déplorables du refus de concours général et systématique dont le conseil municipal persiste à frapper illégalement l'administration locale, nous devons faire ressortir la différence de la position de l'état et de la position de la ville dans cette question.

L'état n'a [illegible] de la situation actuelle.

Ainsi, on ne laissera pas se dégrader l'Hôtel-de-Ville; le service de l'administration communale ne sera pas entravé; le recensement de la population ne s'en fera pas moins, s'il y a lieu; les revenus seront perçus comme toujours par les divers agents chargés de les recouvrer; les mandats seront également acquittés, sans obstacle, au crédit du trésor royal, conformément aux lois de finances; la police municipale continuera [illegible] avec la même vigilance; la garde nationale devra toujours être prête à obéir aux ordres de l'autorité pour le rétablissement de l'ordre public, s'il venait à être troublé; enfin l'exercice du culte catholique et l'entretien

Avant d'énumérer les conséquences déplorables du refus de concours général et systématique dont le conseil municipal persiste à frapper illégalement l'administration locale, nous devons faire ressortir la différence de la position de l'état et de la position de la ville dans cette question.

L'état n'a nullement à souffrir de la situation actuelle.

Ainsi, on ne laissera pas se dégrader l'Hôtel-de-Ville; le service de l'administration communale ne sera pas entravé; le recensement de la population ne s'en fera pas moins, s'il y a lieu; les revenus seront perçus comme toujours par les divers agents chargés de les recouvrer; les impôts seront également acquittés, sans obstacle, au profit du trésor royal, conformément aux lois de finances; la police municipale continuera d'être exercée avec la même vigilance; la garde nationale devra toujours être prête à obéir aux ordres de l'autorité pour le rétablissement de l'ordre public, s'il venait à être troublé; enfin l'exercice du culte catholique et l'entretien des bâtiments communaux seront assurés par les mêmes moyens. La loi a pourvu d'office à tous ces différents services d'utilité publique et de sûreté générale. Il suffit d'une ordonnance du Roi pour rendre exécutoire la partie du budget où sont énumérées toutes ces dépenses, qui sont obligatoires, et cela, en vertu de l'article 39 de la loi du 24 juillet 1837, sur les attributions municipales.

Le refus de concours du conseil municipal ne peut donc affecter en rien ni les intérêts administratifs, politiques ou financiers de l'Etat, ni la marche du gouvernement, ni l'action de l'autorité départementale ou communale, en ce qui touche la sûreté générale du royaume.

Mais il n'en est pas de même des habitants d'Angers, uniquement, personnellement et directement intéressés dans les services d'utilité publique auxquels sont affectées les dépenses facultatives.

Ainsi la ville d'Angers veut un théâtre. Mais que deviendra ce théâtre si la dépense de l'entretien de la salle et des décorations, si le traitement du concierge et du machiniste, surtout si la subvention annuelle qui figure dans le budget extraordinaire, sont supprimés par force majeure.

La ville d'Angers veut qu'on entretienne, sans nul doute, ses aqueducs, ses ponts, ses fontaines et ses promenades; elle veut qu'on l'éclaire; elle veut qu'on la pave; elle veut qu'on la balaie. Mais pour assurer ces différents services, il faut des allocations, il faut un vote du conseil municipal.

La ville d'Angers possède une magnifique compagnie de pompiers, admirable de zèle et de dévoûment. La dépense annuelle qu'elle occasionne figure dans le budget ordinaire de 1845 pour une somme de 1,600 fr. A coup sûr, la ville d'Angers ne veut pas qu'on désorganise cette compagnie ; la ville d'Angers veut être secourue quand l'incendie menace d'embrâser ses maisons. Mais enfin, sans un vote du conseil municipal qui légalise cette dépense de 1,600 fr., que deviendra notre compagnie de pompiers ?

La ville d'Angers sait aussi que la charité publique est un de ses devoirs les plus sacrés, et elle aime à le remplir avec empressement. Mais, encore un coup, sans un vote du conseil municipal qui autorise à cet effet l'administration municipale, où celle-ci prendrait-elle le droit de distribuer, chaque année 6,000 fr. aux ateliers de charité et 6,000 fr. aux bureaux de bienfaisance, et sans ce vote, sans ces allocations, sans ces secours, que deviendront les indigents, que deviendront les enfants des ouvriers malheureux ?

La ville d'Angers possède un dépôt de mendicité qu'elle protége et qu'elle soutient avec un intérêt bien vif, car elle lui consacre une somme annuelle de près de 25,000 fr. A coup sûr, la ville d'Angers, qui fait en faveur de cet établissement un pareil sacrifice, entend qu'il ne périclite pas. Que deviendra-t-il cependant aujourd'hui que le caprice de quelques hommes, qui comprennent mal le mandat qu'ils ont reçu de leurs concitoyens, tarit tout à coup cette source de revenus qui lui est nécessaire.

Enfin, la ville d'Angers aime à favoriser les écoles, à protéger les arts, les sciences et les lettres. Elle consacre à l'instruction primaire des sommes plus fortes que celles qui lui sont imposées par la loi. Elle favorise, au-delà de ses obligations, les salles d'asile, cette heureuse, cette utile création de notre époque. Elle entretient une bibliothèque publique, une école de dessin, un muséum de peinture et de sculpture, un muséum d'histoire naturelle, un jardin botanique, un musée d'antiquités.

Que deviendront tous ces établissements, que deviendront les écoles primaires, écoles de garçons, écoles de filles, que deviendront les salles d'asile, si les secours qui ont aidé à leur existence ou à leur développement leur sont subitement refusés par la même main qui les avait jusqu'ici libéralement accordés?

Ce ne sont point là des dépenses qui, rigoureusement, peuvent être ajournées, comme celles de l'achèvement d'un abattoir; ce n'est point là un établissement utile dont, à toute force, une ville peut se passer, comme celui du dépôt de remonte; ce n'est point là un acte de philanthropie intelligente qu'on peut, après tout, accomplir ou ne pas accomplir à volonté, accomplir une année et ne pas accomplir l'année suivante, comme celui de soulager, avec l'aide des citoyens les plus riches, les citoyens les plus pauvres, comme celui d'augmenter les ressources des bureaux de bienfaisance et des ateliers de charité. Pavage, éclairage, balayage, théâtre, bibliothèque publiqne, jardin botanique, école de dessin, musée d'antiquités, museum d'histoire naturelle, museum de peinture et de sculpture, compagnie de sapeurs-pompiers, dépôt de mendicité, salles d'asile, écoles primaires : tout cela ne peut pas attendre, sans souffrir longtemps, sans se trouver désorganisé, si ce n'est perdu ou supprimé.

CONSÉQUENCES DU REFUS DE CONCOURS.

C'est là cependant ce que la majorité du conseil municipal rend inévitable; ce sont là les conséquences du refus de concours général et systématique de cette majorité.

monde sera forcément retiré à la ville d'Angers; des travaux importants, utiles, indispensables, à faire l'abattoir, dans l'intérêt d'un service public, sont ajournés à deux ans; des mesures à prendre pour combler le déficit qui existe dans le budget de la ville seront également ajournées à deux ans. Une SOMME DE VINGT-TROIS MILLE FRANCS, que l'on était dans l'usage de répartir entre les imposés les plus forts, à la décharge des imposés les plus faibles, ce qui était pour ceux-ci un notable allégement artisans, et des ouvriers, au lieu d'être payée par les riches, elle sera payée par les pauvres; incessamment une partie de la ville cessera d'être éclairée;

C'est là cependant ce que la majorité du conseil municipal rend inévitable, ce sont là les conséquences du refus de concours général et systématique de cette majorité.

Grace à ce refus de concours, le dépôt de remonte sera forcément retiré à la ville d'Angers; des travaux importants, utiles, indispensables, à faire l'abattoir, dans l'intérêt d'un service public, sont ajournés à deux ans ; les mesures à prendre pour combler le déficit qui existe dans le budget de la ville seront également ajournées à deux ans ; UNE SOMME DE VINGT-TROIS MILLE FRANCS, que l'on était dans l'usage de répartir entre les imposés les plus forts, à la décharge des imposés les plus faibles, ce qui était pour ceux-ci un notable allégement, retombera tout entière sur la classe des artisans, et désormais, au lieu d'être payée par les riches, elle sera payée par les pauvres; incessamment, une partie de la ville cessera d'être éclairée;

l'année prochaine, aucune dépense de pavage, si urgente qu'elle soit, ne pourra plus être faite; une plus grande partie encore de la ville ne sera plus éclairée; incessamment, le théâtre, qui est un divertissement pour tous, va être désorganisé, par la suspension obligée de la subvention annuellement accordée au directeur de la troupe d'opéra, et, l'année prochaine, cette suspension du paiement de la subvention sera encore aggravée par la suspension du traitement du concierge et du machiniste; l'année prochaine, la somme ordinairement consacrée aux dépenses d'entretien et de réparation du matériel des pompes ne pourra pas être fournie; l'année prochaine, il y aura suspension inévitable des traitements des bibliothécaires, des conservateurs, des directeurs et des surveillants, soit de la bibliothèque, soit du muséum de peinture et de sculpture, soit du muséum d'histoire naturelle, soit du musée d'antiquités et du jardin de botanique; l'année prochaine, une admirable institution due à la philantropie éclairée de notre siècle, celle des salles d'asile, sera désorganisée, plus que désorganisée, supprimée; l'année prochaine, les enfants du peuple, qui ne pourront plus être recueillis dans les salles d'asile, cesseront également de recevoir, en grande partie du moins, l'éducation qui leur était donnée aux frais de la ville dans les écoles primaires, pour lesquelles étaient faits des sacrifices bien plus considérables que ceux imposés par la loi; l'année prochaine enfin, et ceci est plus grave, car le pauvre qui a froid et qui a faim ne peut attendre, l'année prochaine, enfin, point de secours aux bureaux de bienfaisance, point d'ateliers de charité; l'année prochaine, il faudra ouvrir aux indigents, aux infirmes et aux vieillards qui y trouvaient un abri, les portes du dépôt de mendicité, et les chasser de cet asile pour les répandre sur nos places publiques et sur nos grandes routes, où ils n'auront d'autre ressource que celle d'implorer la pitié des passants.

Voilà le tableau malheureusement trop réel des résultats du refus de concours général et systématique dont le conseil frappe l'administration.

IMPOSSIBILITÉ DE LA DISSOLUTION.

A la session de mai 1844, les circonstances étaient devenues solennelles, décisives ; depuis que le conflit municipal d'Angers existait, c'était la première fois que le conseil était appelé à voter un budget.

Ceci méritait au moins des réflexions sérieuses. Persister alors dans un refus de concours général et systématique, c'était évidemment s'engager dans une voie sans issue.

Nous disons avec intention que c'était s'engager dans une voie sans issue ; car le moyen de la dissolution, que nous voyons sans cesse mettre en avant, n'est pas admissible dans la question municipale d'Angers.

Quelques lignes de raisonnement vont convaincre de cette vérité nos adversaires eux-mêmes.

Oui, sans doute, si le conseil municipal était en désaccord avec l'administration municipale sur des questions municipales, en dehors de toute lutte

A la session de mai 1844, les circonstances étaient devenues sollennelles, décisives; depuis que le conflit municipal d'Angers existe, c'était la première fois que le conseil était appelé à voter un budget.

Ceci méritait au moins des réflexions sérieuses. Persister alors dans un refus de concours général et systématique, c'était évidemment s'engager dans une voie sans issue.

Nous disons avec intention que c'était s'engager dans une voie sans issue, car le moyen de la dissolution, que nous voyons sans cesse mettre en avant, n'est pas admissible dans la question municipale d'Angers.

Quelques lignes de raisonnement vont convaincre de cette vérité nos adversaires eux-mêmes.

Oui, sans doute, si le conseil municipal était en désaccord avec l'administration municipale sur des questions municipales, en dehors de toute lutte gouvernementale et de toute préoccupation politique, il serait du devoir du pouvoir central de renvoyer les parties devant les électeurs de la commune. La dissolution, en matière municipale, est destinée à cet usage. C'est ce que ferait le pouvoir central, si la question se trouvait ainsi posée.

Mais à Angers, rien de tout cela n'existe. Ce n'est pas le maire encore une fois, le maire, dans les actes de son administration municipale que les conseillers opposants condamnent par leur refus de concours général et systématique. Non, mille fois non! C'est l'homme politique, c'est le conservateur, c'est le représentant politique du ministère qu'ils repoussent de toute l'énergie de leur opposition politique contre ce même ministère.

M. Giraud est l'occasion. Ses opinions sont la cause, peut-être. Mais le but, c'est le ministère, c'est le système politique du ministère approuvé par la majorité des chambres.

La lutte est donc en réalité entre le conseil municipal et le pouvoir central, et cette lutte s'est manifestée à l'occasion d'un acte de haute administration de ce même pouvoir central, qui n'est responsable que devant les chambres.

Dans cette situation, la dissolution du conseil municipal d'Angers est impossible.

La dissolution, à quelque degré qu'on l'applique, est destinée à renvoyer devant l'opinion publique, leur juge naturel, deux pouvoirs égaux.

Est-ce qu'il y a égalité entre le conseil municipal et le pouvoir central?

Est-ce que les électeurs municipaux d'Angers

sont, en cette qualité, les juges naturels du pouvoir central ?

Le pouvoir central comparaît devant le pays par les élections politiques; il ne peut comparaître devant une ville par des élections communales.

Lorsque le pouvoir central responsable n'a pas l'assentiment des chambres, le pouvoir irresponsable, le Roi, dissout la chambre, et le pouvoir central responsable en appelle alors au jugement du pays, sur sa politique générale.

Mais vouloir que le pouvoir central, le pouvoir responsable, fort du double assentiment des chambres et du pays, en appelle, sur l'ensemble de son système, ou même, sur un seul de ses actes, au jugement d'une élection purement municipale, c'est dénaturer les choses les plus simples, c'est méconnaître les premières notions du régime constitutionnel, c'est ignorer les ressorts les plus vulgaires du gouvernement représentatif, c'est confondre la politique et l'administration, le gou; vernement du pays et l'administration d'une cité c'est marcher d'aberration en aberration; c'est justifier une conduite illégale par des prétentions inconstitutionnelles.

Non, la dissolution ne sera jamais le dénouement de la situation actuelle. Dans cette situation, c'était au conseil municipal seul qu'il appartenait de prolonger ou de terminer le conflit qui afflige tous les habitants de la cité, car dans cette situation, nous le disons hautement, nous le déclarons formellement, parce que nous sommes assurés de n'être pas démentis par l'événement : le gouvernement ne dissoudra pas le conseil municipal d'Angers.

DE LA MAJORITÉ DU CONSEIL MUNICIPAL.

Il nous reste à apprécier la conduite de la majorité du conseil municipal dans ses mobiles, dans ses actes, dans ses paroles et dans ses tendances.

Et tout d'abord, nous devons relever, chose facile, les erreurs de fait et de principe qui ont échappé à l'opposition municipale dans la séance du 1er juin 187[illegible].

Le rapporteur de la commission municipale, parlant au nom de la majorité opposante, a dit :

On ne peut nous demander, à nous, acteurs et témoins dans une lutte inique que nous n'avons pas provoquée, faite que l'administration a entreprise sans nécessité pour les droits du pouvoir central, et au grand détriment des intérêts de la commune, on ne peut nous demander de sacrifier, à la contrainte que l'on veut [illegible] prévue, en même que la grandeur de nos convictions et les circonstances au milieu desquelles nous sommes entrés dans cette enceinte, nous imposent d'accepter.

Nous ne reviendrons pas sur la source, sur la légalité, sur l'opportunité de la lutte actuelle.

Il nous reste à apprécier la conduite de la majorité du conseil municipal dans ses mobiles, dans ses actes, dans ses paroles et dans ses tendances.

Et tout d'abord, nous devons relever, chose facile, les erreurs de fait et de principe qui ont échappé à l'opposition municipale dans la séance du 1er juin 1844.

Le rapporteur de la commission municipale, parlant au nom de la majorité opposante, a dit :

On ne peut nous demander, à nous, acteurs et témoins dans une lutte *legale* que nous n'avons pas *provoquée*, lutte que l'administration a entreprise *sans nécessité* pour les droits du pouvoir central, et aux grand détriment des intérêts de la commune, on ne peût nous demander de sacrifier, à la contrainte que l'on veut exercer sur nos consciences de membres de la cité angevine, *un devoir que le mandat de nos concitoyens* et les circonstances au milieu desquelles nous sommes entrés dans cette enceinte, nous imposent d'accomplir.

Nous ne reviendrons pas sur la source, sur la légalité, sur l'opportunité de la lutte actuelle.

Il faut oublier tous les faits pour déclarer que cette lutte n'a pas été provoquée, ainsi que nous l'avons établi, par la délibération du 17 juillet 1843.

Il faut également méconnaître toutes nos institutions pour affirmer qu'elle est légale. Il n'y a de légal que ce qui est dans le texte et l'esprit de la législation. Or, nous avons démontré que le texte ni l'esprit du Code municipal, que l'origine, la nature, ni la destination des conseils municipaux n'autorisaient cette résistance passive, et que tout ce qu'il était possible de prétendre, c'est que le pouvoir central n'était armé contre elle d'aucun moyen de coercition.

Il faut, enfin, se refuser à l'évidence la plus manifeste, pour soutenir que M. le ministre de l'intérieur n'était pas dans la nécessité de sacrifier, au maintien d'un principe d'intérêt éminemment social, le maintien d'une harmonie d'intérêt purement local.

Nous avons précédemment prouvé, d'une façon si claire, que sur tous ces points le droit, la raison et la loi étaient de notre côté, que nous ne pourrions que nous exposer à d'inutiles redites, en les traitant de nouveau.

Nous ne voulons pas nous arrêter davantage à cette singulière prétention de l'opposition municipale d'accomplir le devoir imposé par le mandat que ses membres ont reçu de leurs concitoyens, en ajournant toutes les dépenses utiles et toutes les affaires urgentes, en mettant, par son refus de voter le budget ordinaire et extraordinaire, obligatoire et facultatif, le désordre et la perturbation parmi les services publics de l'importance la moins contestable. Personne ne croira que c'est là le devoir d'un conseiller de la commune, et que les électeur communaux, quand ils élisent un conseiller municipal, le choisissent tout exprès pour tout désorganiser et tout entraver, pour que tout souffre, tout languisse, tout périclite, pour que les ouvriers aient moins de travail, pour que les pauvres paient plus d'impôts, pour que les malades et les infirmes et les vieillards n'aient plus d'asile, pour que les indigents ne reçoivent point d'instruction, pour que la ville n'ait ni musée, ni bibliothèque, pour qu'elle ne soit ni éclairée, ni pavée, pour qu'une faveur, enfin, du gouvernement lui soit enlevée, ainsi que cela est désormais inévitable, à l'égard du dépôt de remonte.

Non, non, ce n'est pont là le mandat que les électeurs communaux ont donné aux conseillers municipaux qu'ils ont élus au mois de juin 1843. Non, non, ce n'est pas là le devoir imposé par leurs concitoyens à ces conseillers. Nous avons dit assez quel était ce devoir pour n'avoir pas à le répéter. Ce devoir, du reste, chacun le connaît, et eux-mêmes ne l'ignorent pas plus que nous. S'ils ne le pratiquent pas, s'ils négligent ce devoir, qui est tout municipal, c'est parce qu'ils le sacrifient volontairement et sciemment à un intérêt qui est tout personnel, pour les uns, et tout politique, pour les autres. Nous laisserons de côté l'intérêt personnel, qui vient en aide à l'intérêt politique, pour ne traiter que ce côté de la question, qui est assurément fort grave, car cette lutte, quoique petite et mesquine dans ses causes, n'en tend pas moins, par ses conséquences, à l'asservissement impossible du pouvoir central au corps municipal.

En effet, ce n'est rien moins que la centralisa tion, cette conquête de dix siècles d'efforts et d travaux, organisée, consolidée, sanctionnée pa l'Assemblée Constituante, que l'on tendrait à met tre en question.

Qu'on relise plutôt avec soin le rapport de l commission municipale. On y emploie jusqu'au vieux termes de l'ancienne monarchie. On y parle d *franchises* municipales. Qu'est-ce aujourd'hui qu des franchises municipales? Il y avait des franchi ses municipales, alors que ces franchises étaien des priviléges octroyés en vertu de chartes locale et spéciales, par les seigneurs féodaux ou par l pouvoir royal. Aujourd'hui il n'y a plus de fran chises, parce qu'il n'y a plus de priviléges. Au jourd'hui il y a une liberté municipale qui est tous, qui est pour tous.

La liberté municipale se manifeste par l'électio communale, et là où cette élection est libre, cett liberté n'a pas besoin d'être protégée, car ell n'est pas étouffée.

La liberté municipale existe par l'interventio des conseillers de la commune dans l'examen de affaires et dans le vote des dépenses d'intérêt local et quand cet examen n'est pas empêché, quan ce vote n'est pas méconnu, elle n'a pas besoi d'être maintenue, car elle n'est pas attaquée.

Ceux qui méconnaissent les institutions qui on établi, les institutions qui ont garanti la liberté mu nicipale, ce sont ceux qui veulent qu'elle domin sur l'unité territoriale, sur la centralisation admi nistrative, sauvegardées par la prérogative royale sauvegardant, à leur tour, une liberté plus pré cieuse et plus sacrée, la liberté nationale. Mal heur au gouvernement qui sacrifierait cette liberté générale, qui est celle de tous, à une liberté locale, qui ne serait que celle de quelques-uns.

Ce serait ouvrir la voie au fédéralisme; ce serait reculer d'un demi-siècle. Et qu'on ne dise point que tel n'est pas le résultat logique des doctrines fatales professées par l'opposition municipale. Ce n'est pas celui qu'elle cherche peut-être. Mais c'est celui qu'elle trouverait au bout de la route où elle s'engage, et le pouvoir exécutif, gardien vigilant des intérêts généraux de la France, ne saurait la retenir avec trop de force sur cette pente fatale, au bas de laquelle est la dissolution du corps social et la ruine de notre puissance politique.

A vrai dire, il serait difficile de définir ce que ce que veut réellement cette opposition composée d'éléments hétérogènes qui doivent être singulièrement étonnés de se voir mêlés dans une même lutte, au service d'une même cause et sous l'enseigne d'un même drapeau.

M. Guizot disait tout récemment à la tribune du Palais-Bourbon, qu'il ne faut pas aller sur les rives de la Plata pour voir une minorité GOUVERNER UNE MAJORITÉ, LUI FAIRE PEUR, L'ENTRAINER; et, parlant de la majorité des Français établis à Montevideo, il ajoutait qu'ils auraient approuvé la politique de notre consul, s'ils ne s'étaient pas trouvés en présence D'UNE MINORITÉ ARDENTE, PASSIONNÉE PAR SES INTÉRÊTS PARTICULIERS, PASSIONNÉE PAR SES SOUVENIRS PERSONNELS, PASSIONNÉE PAR LES JOURNAUX QU'ELLE FAISAIT ELLE-MÊME, ET QUI RÉAGISSAIENT ENSUITE SUR ELLE et sur les autres portions de la population française.

M. Guizot aurait voulu tracer le tableau de l'opposition municipale d'Angers, il aurait voulu exprimer son opinion sur les vingt-et-un membres dont elle est composée, qu'il n'aurait ni cherché, ni trouvé d'autres expressions, un autre langage, d'autres sentiments.

Un ou deux anarchistes, qui ont du moins la franchise de leurs opinions, le courage de leurs doctrines, qui du moins combattent le gouvernement monarchique et la charte constitutionnelle, la poitrine découverte, avec le drapeau rouge de la république, ostensiblement arboré et loyalement déployé, se sont coalisés avec deux ou trois ambitieux, visant dans l'avenir à la députation, dont ils veulent se faire un marche-pied pour parvenir aux honneurs, comme cela est arrivé à tant de médiocrités masquées d'un libéralisme d'emprunt et d'une opposition de commande.

Cette petite association de quatre ou cinq hommes, remuants par calcul ou par nature, par intérêt ou par tempérament, ceux-ci cédant aux entraînements irréfléchis d'une imagination désordonnée, ceux-là obéissant aux froides inspirations d'un esprit habile, gouverne à son gré la grande association de l'opposition municipale. La petite association souffle ses passions, communique ses idées, impose ses résolutions à la grande association, en persuadant avec art, à celle-ci, que ces passions, elle les éprouve réellement, que ces idées, elle les a d'elle-même, que ces résolutions, elle les prend spontanément, et riant ensuite de tant de faiblesse et de crédulité, elle s'applaudit secrètement de compter parmi les soldats de sa cause tant d'honorables citoyens, qui lui servent à faire illusion sur son véritable but à la fraction la moins éclairée de l'opinion publique.

Ce qui arrive parmi les dix-huit mille Français de Montevideo arrive aussi parmi les vingt et un membres de l'opposition municipale d'Angers. La minorité entraîne la majorité. La minorité entraîne la majorité, en exploitant les intérêts particuliers, les souvenirs personnels. La minorité entraîne la majorité, en versant du fiel sur la plaie vive des petites vanités et des petites haines de localité. La minorité enfin entraîne la majorité en faisant à celle-ci peur de tout, peur de sarcasmes et d'outrages qu'elle n'ose affronter, en faisant le bien, et qu'elle préfère éviter, en faisant le mal, peur des journaux du radicalisme, peur de cette classe de la population que l'on trouve toujours et partout au service des mauvaises passions, peur aussi, peur surtout, notre devoir est de le dire, de paroles inconsidérément données, de lettres imprudemment signées, comme si cette bouffonne parodie du serment du jeu de paume n'était point par elle même le plus plus risible des ridicules que des hommes sérieux puissent se donner à la face de toute une ville. Voilà donc dans une monarchie représentative, et sous un régime constitutionnel, où la faiblesse du caractère, les préoccupations de la personnalité, l'empire de la violence peuvent conduire des citoyens estimables, amis de l'ordre et de la paix.

Ils tremblent devant leurs adversaires politiques, ils tremblent devant un journal, ils tremblent devant leurs inférieurs sociaux, et ils ne rougissent pas, eux les mandataires de la cité, eux les conseillers de la commune, à tout sacrifier à cette peur honteuse, à lui sacrifier les intérêts locaux les plus urgents, les plus sacrés, les plus inviolables, à lui sacrifier jusqu'à l'asile des infirmes, jusqu'au travail de l'ouvrier, jusqu'au pain des pauvres!...

Et cela s'appellerait de la dignité, de la sincérité, et cela s'appellerait de la moralité!...

Non, non, les hommes d'énergie et de conviction, les hommes de bien qui ont la volonté avec le désir, les hommes de caractère dont M. le procureur-général parlait, il y a peu de jours, dans un éloquent réquisitoire, les hommes de cœur enfin, c'est dans les rangs de la minorité qu'il faut les chercher, c'est parmi ceux qui savent s'exposer à l'impopularité que l'on voit trop souvent, dans nos mœurs, s'attacher aux mandataires du pouvoir, pour accomplir un devoir d'honnête homme et de bon citoyen, en restant, malgré les dégoûts dont on les abreuve, au poste où la confiance du Roi les a appelés, c'est parmi ceux qui ne craignent pas d'élever la voix pour défendre, contre les doctrines anarchiques d'une majorité factieuse, les vrais principes du gouvernement représentatif.

Ah! si quelque chose pouvait déconsidérer les institutions constitutionnelles de la France, si quelque chose pouvait frapper au cœur le principe de l'élection municipale, c'est à coup sûr le spectacle, si fécond en enseignements, que la ville d'Angers offre aujourd'hui aux autres villes du royaume.

Et l'on veut qu'en présence de ce triste spectacle, on veut qu'en présence des désastreuses conséquences d'une conduite illégale, sans cause admissible, sans but possible, nous contenions les sentiments d'une trop juste indignation.

Et l'on s'étonne que, sachant tout ce qu'il y a de petites passions, de petites vanités, de petits intérêts en lutte au fond de cette opposition qui atteint les choses, en ne visant qu'aux personnes, nous laissions échapper des accents d'amertume, échos sincères de l'opinion de tous les hommes de bien, on s'étonne que nous disions tout haut avec courage ce que chacun répète tout bas.

Certes nous avons assez donné l'exemple de la modération pour avoir acquis le droit d'être sévère. Nous avons tout fait pour agir sur la raison, sur le patriotisme, sur l'intelligence des membres de l'opposition municipale, nous avons tout tenté pour les arracher aux funestes influences qui les entraînent et qui les égarent, pour les ramener dans les voies de la justice et de la légalité. Nos efforts ont été vains. De quel droit osent-ils donc se plaindre aujourd'hui de la rigueur de nos jugements ?

Ce n'est pas notre faute, à nous, si les raisonnements ne peuvent rien sur des esprits honnêtes, mais aveuglés, sur des cœurs loyaux, mais prévenus.

Ce n'est pas notre faute, à nous, si des hommes honorables, d'ailleurs, si des citoyens, estimables, sans nul doute, méconnaissent leurs devoirs de conseillers municipaux, au point de sacrifier, oui, de sacrifier, sans autre résultat qu'une satisfaction toute individuelle, de sacrifier à leurs antipathies personnelles, les intérêts confiés à leur sagesse et à leur vigilance.

Ce n'est pas notre faute, à nous, si les mandataires de la commune, si ceux qui n'ont d'autre mission que de veiller avec zèle et dévouement sur les affaires locales, oublient le mandat sacré qu'ils tiennent de leurs concitoyens, au point de devenir l'obstacle unique, un obstacle constant, volontaire, insurmontable au bien de cette même cité qui leur a remis la garde de ses intérêts.

Quoi! des conseillers municipaux transgressent tous leurs devoirs, rendent une population tout entière victime de leur ambition, de leur animosité, de leur aveuglement, ou de leur faiblesse, ceux-ci parce qu'ils ont des ressentiments à satisfaire, ceux-là parce qu'ils ont une pensée politique à produire ou un avenir législatif à préparer, le plus grand nombre parce qu'ils n'ont pas l'intelligence d'apercevoir dans quel abîme on les précipite, ou parce qu'ils n'ont pas le courage de se séparer d'une coterie qu'ils réprouvent, et nous qui le savons, nous qui le voyons, nous qui l'entendons, nous ne pourrions pas dire, nous ne pourrions pas écrire la vérité.

La majorité du conseil municipal affiche une prétention incontitutionnelle, rend un vote funeste, et nous devrions nous taire, nous taire sur les causes, nous taire sur le but, nous taire sur les conséquences!

Nous savons ce que nous devons respecter. Nous le respecterons. Mais nous savons aussi ce que nous avons le droit de juger, de condamner. Nous le jugerons, nous le condamnerons.

Nous sommes forts de notre courage, qui ne faiblira jamais devant l'anarchie, de notre courage qui est plus grand que celui de nos adversaires, car nous vivons dans un temps où il n'en faut point pour attaquer le pouvoir, où il en faut beaucoup pour le servir et pour le défendre.

Nous sommes forts de notre conscience; nous sommes forts parce que nous avons avec nous et pour nous la raison et la vérité.

Vous qui vous irritez de nos paroles, répondez ? Quand vous sollicitiez de vos concitoyens le mandat dont ils vous ont honorés, était-ce pour faire ce que vous faites, pour désorganiser tous les services municipaux, pour entraver la marche des affaires locales, pour abandonner tous les intérêts publics? Est-ce là ce qu'ils vous ont demandé ? Est-ce là ce que vous leur avez promis?

Ne dites pas que vous usez de vos droits et que vous remplissez vos devoirs, car vous ne le croyez pas. Non, vous ne le croyez pas et quand vous descendez dans votre conscience, vous y rencontrez un censeur plus sévère que ne l'ont jamais été nos plus sévères paroles.

Angers. Imprimerie de Cosnier et Lachèse.

www.ingramcontent.com/pod-product-compliance
Ingram Content Group UK Ltd.
Pitfield, Milton Keynes, MK11 3LW, UK
UKHW012051240726
13965UKWH00003B/1210

9 782013 046916